Impressum
Verlag: BABADADA GmbH, Nedderfeld 112 , 22529 Hamburg
Geschäftsführer / Verlagsleitung: Harald Hof
Druck: Books on Demand GmbH, In de Tarpen 42, 22848 Norderstedt

Imprint
Publisher: BABADADA GmbH, Nedderfeld 112 , 22529 Hamburg, Germany
Managing Director / Publishing direction: Harald Hof
Print: Books on Demand GmbH, In de Tarpen 42, 22848 Norderstedt

# okul
## Szkoła

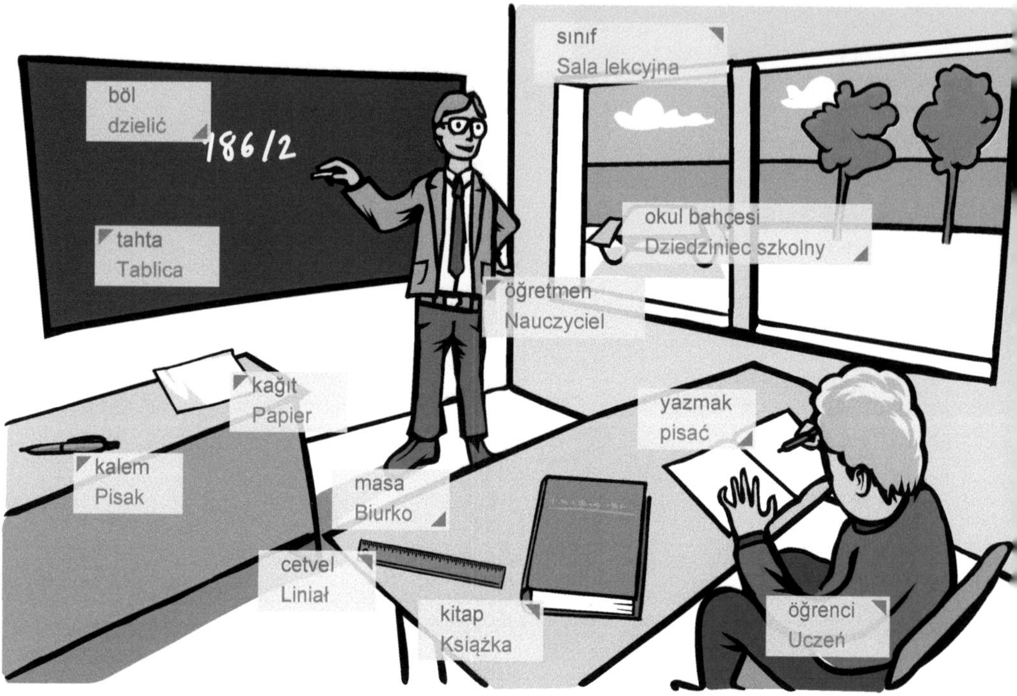
sınıf
Sala lekcyjna
böl
dzielić
186/2
tahta
Tablica
okul bahçesi
Dziedziniec szkolny
öğretmen
Nauczyciel
kağıt
Papier
yazmak
pisać
kalem
Pisak
masa
Biurko
cetvel
Liniał
kitap
Książka
öğrenci
Uczeń

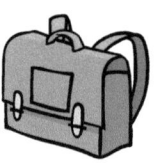

okul çantası

Plecak szkolny

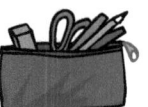

kalemlik

Piórnik

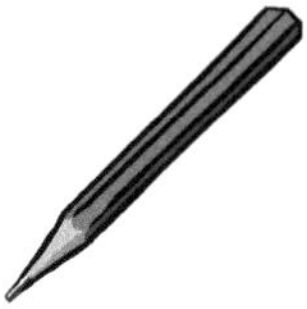

kurşun kalem

Ołówek

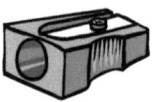

kalem açacağı

Temperówka

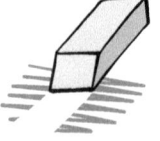

silgi

Gumka do mazania

çizim defteri

Blok rysunkowy

çizim

Rysunek

resim fırçası

Pędzel

boya kutusu

Pudełko z akwarelami

makas

Nożyce

tutkal

Klej

alıştırma kitabı

Książka do ćwiczenia

ödev

Zadanie domowe

sayı

Liczba

ekle

dodawać

çıkar

odejmować

çarp

mnożyć

hesapla

liczyć

harf

Litera

alfabe

Alfabet

kelime

Słowo

metin

Tekst

okumak

czytać

tebeşir

Kreda

ders

Godzina

kayıt

Dziennik lekcyjny

sınav

Egzamin

sertifika

Świadectwo

okul forması

Mundurek szkolny

eğitim

Wykształcenie

ansiklopedi

Leksykon

üniversite

Uniwersytet

mikroskop

Mikroskop

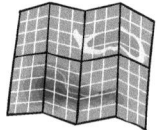

harita

Mapa

kağıt çöp kutusu

Kosz na odpadki

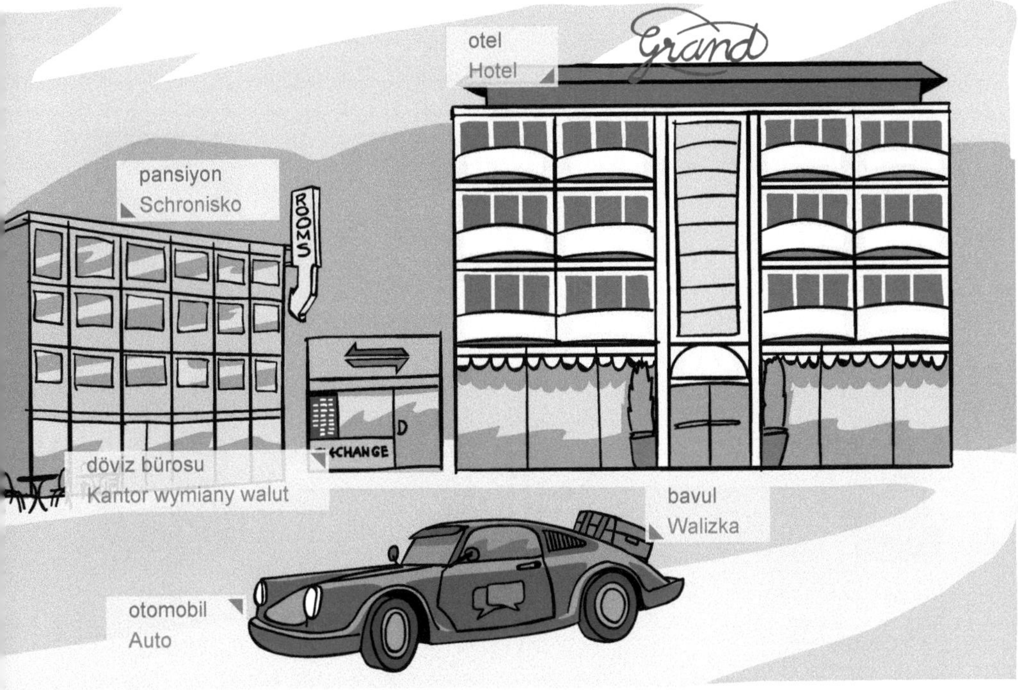

otel
Hotel
Grand
pansiyon
Schronisko
ROOMS
döviz bürosu
Kantor wymiany walut
EXCHANGE
bavul
Walizka
otomobil
Auto

dil

Język

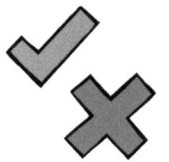

evet / hayır

tak / nie

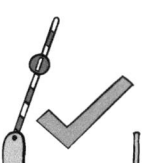

Tamam

OK

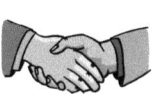

merhaba

Halo

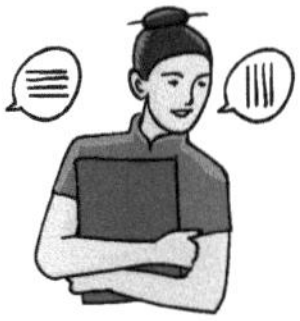

çevirmen

Tłumacz

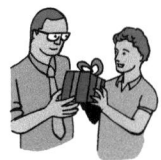

Teşekkür ederim

Dziękuję

bu ... ne kadar?

Ile kosztuje ...?

anlamadım

Nie rozumiem

problem

Problem

İyi akşamlar!

Dobry wieczór!

Günaydın!

Dzień dobry!

İyi geceler!

Dobranoc!

güle güle

Do widzenia

yön

Kierunek

bagaj

Bagaż

çanta

Torba

sırt çantası

Plecak

misafir

Gość

oda

Pokój

uyku tulumu

Śpiwór

çadır

Namiot

turist danışma

Informacja turystyczna

sahil

Plaża

kredi kartı

Karta kredytowa

kahvaltı

Śniadanie

öğle yemeği

Obiad

akşam yemeği

Kolacja

Bilet

Bilet

asansör

Winda

pul

Znaczek na list

sınır

Granica

gümrük

Cło

elçilik

Ambasada

vize

Wiza

pasaport

Paszport

# ulaşım
# Transport

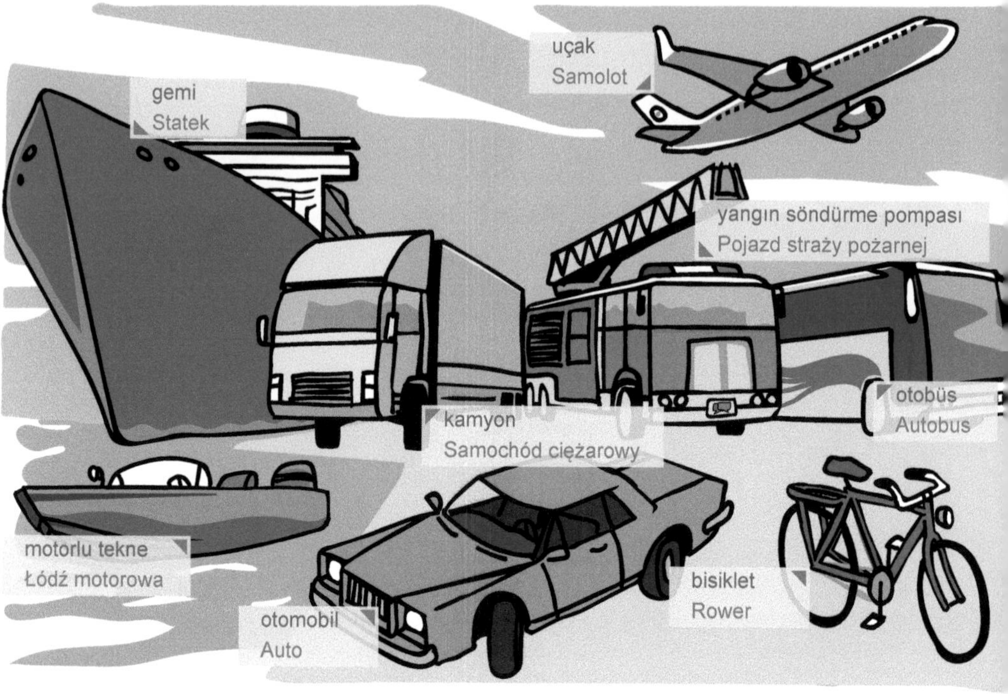
uçak
Samolot
gemi
Statek
yangın söndürme pompası
Pojazd straży pożarnej
otobüs
Autobus
kamyon
Samochód ciężarowy
motorlu tekne
Łódź motorowa
bisiklet
Rower
otomobil
Auto

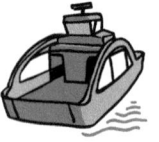

feribot

Prom

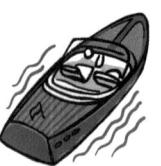

bot

Łódź

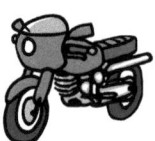

motosiklet

Motocykl

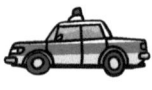

polis arabası

Radiowóz policyjny

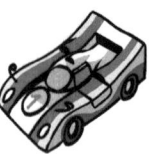

yarış arabası

Samochód wyścigowy

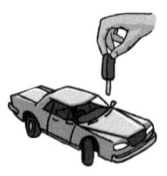

kiralık araba

Samochód wypożyczony

ortak araba

Wspólne przejazdy
samochodem

çekici

Samochód pomocy
drogowej

çöp kamyonu

Śmieciarka

motor

Silnik

yakıt

Benzyna

benzinlik

Stacja benzynowa

trafik işareti

Znak drogowy

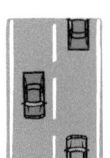

trafik

Ruch

trafik sıkışıklığı

Korek

otopark

Parking

tren istasyonu

Dworzec

ray

Szyny

tren

Pociąg

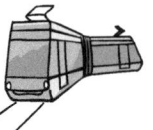

tramvay

Tramwaj

vagon

Wagon

helikopter

Helikopter

havaalanı

Lotnisko

kule

Wieża

yolcu

Pasażer

konteyner

Kontener

koli

Karton

yük arabası

Taczka

sepet

Kosz

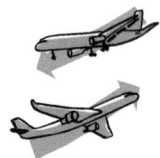

kalkış / iniş

startować / lądować

## şehir

## Miasto

köy

Wieś

şehir merkezi

Centrum miasta

ev

Dom

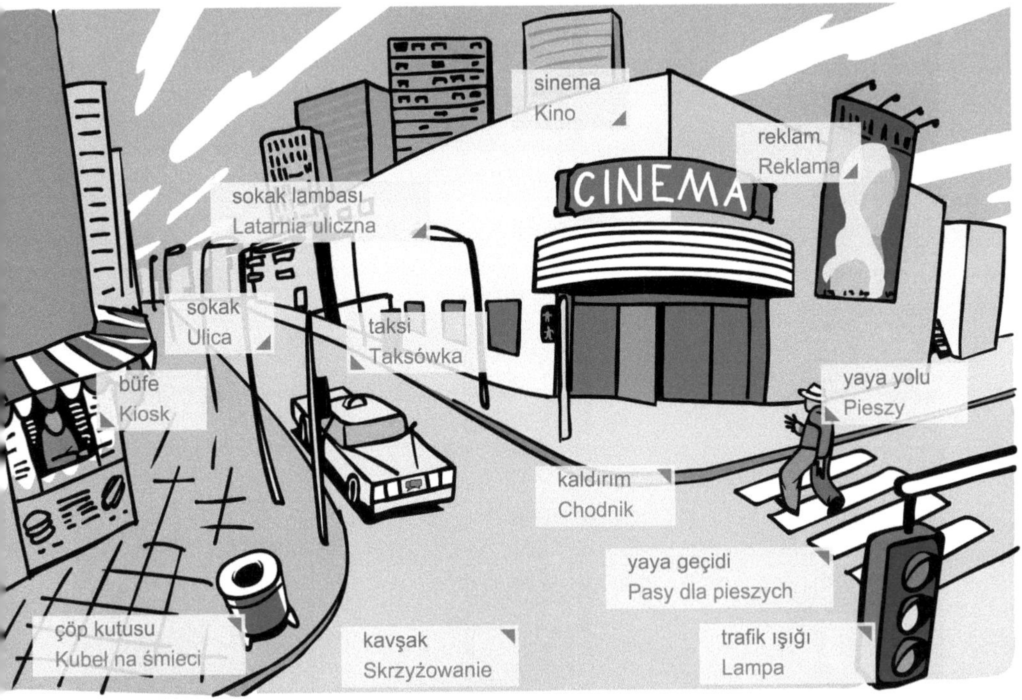

sinema
Kino

reklam
Reklama

sokak lambası
Latarnia uliczna

CINEMA

sokak
Ulica

taksi
Taksówka

büfe
Kiosk

yaya yolu
Pieszy

kaldırım
Chodnik

yaya geçidi
Pasy dla pieszych

çöp kutusu
Kubeł na śmieci

kavşak
Skrzyżowanie

trafik ışığı
Lampa

kulübe
................
Chata

apartman dairesi
................
Mieszkanie

tren istasyonu
................
Dworzec

belediye binası
................
Ratusz

müze
................
Muzeum

okul
................
Szkoła

üniversite
Uniwersytet

banka
Bank

hastane
Szpital

otel
Hotel

eczane
Apteka

ofis
Biuro

kitapçı
Księgarnia

mağaza
Sklep

çiçekçi
Kwiaciarnia

süpermarket
Supermarket

market
Rynek

büyük mağaza
Dom towarowy

balık satıcısı
Sklep z rybami

alışveriş merkezi
Centrum handlowe

liman
Port

park
Park

bank
Ławka

köprü
Most

merdiven
Schody

metro
Metro

tünel
Tunel

otobüs durağı
Przystanek autobusowy

bar
Bar

restoran
Restauracja

posta kutusu
Skrzynka na listy

sokak tabelası
Tabliczka z nazwą ulicy

otopark sayacı
Parkometr

hayvanat bahçesi
Zoo

yüzme havuzu
Łaźnia

cami
Meczet

çiftlik

Gospodarstwo chłopskie

kirlilik

Zanieczyszczenie
środowiska

mezarlık

Cmentarz

kilise

Kościół

oyun alanı

Plac zabaw

tapınak

Świątynia

## arazi
## Krajobraz

yaprak
Liść

yön tabelası
Drogowskaz

yol
Droga

çayır
Łąka

taş
Kamień

ağaç
Drzewo

yürüyüşçü
Wędrowiec

ırmak
Rzeka

çimen
Trawa

çiçek
Kwiat

vadi

Dolina

tepe

Góra

göl

Jezioro

orman

Las

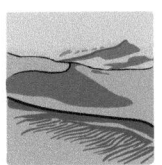

çöl

Pustynia

volkan

Wulkan

kale

Zamek

gökkuşağı

Tęcza

mantar

Grzyb

palmiye

Palma

sivrisinek

Komar

sinek

Mucha

karınca

Mrówka

arı

Pszczoła

örümcek

Pająk

böcek

Chrząszcz

kurbağa

Żaba

sincap

Wiewiórka

kirpi

Jeż

yabani tavşan

Zając

baykuş

Sowa

kuş

Ptak

kuğu

Łabędź

yaban domuzu

Dzik

geyik

Jeleń

geyik

Łoś

baraj

Tama

rüzgar türbini

Wiatrak

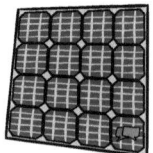

güneş paneli

Moduł solarny

iklim

Klimat

# restoran
# Restauracja

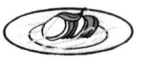

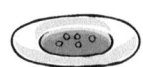

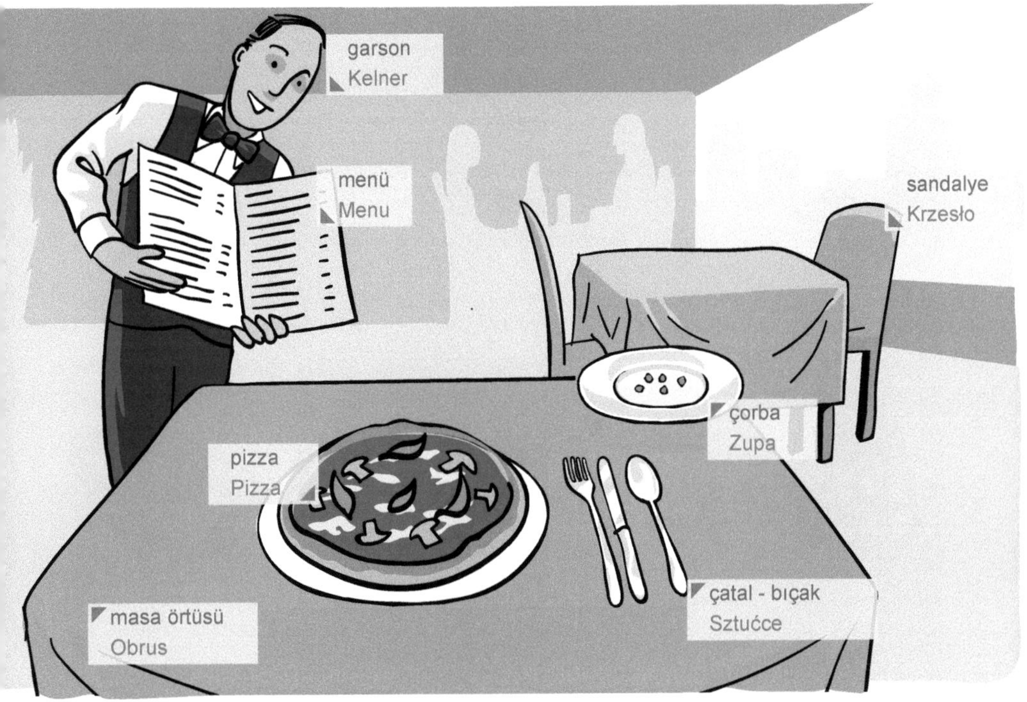
garson
Kelner
menü
Menu
sandalye
Krzesło
çorba
Zupa
pizza
Pizza
çatal - bıçak
Sztućce
masa örtüsü
Obrus

başlangıç
Przystawka

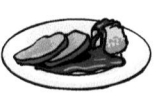

ana yemek
Danie główne

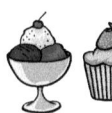

tatlı
Deser

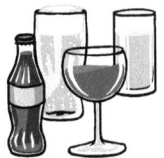

içecekler
Napoje

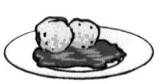

yemek
Jedzenie

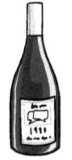

şişe
Butelka

fastfood

Fastfood

sokak yemeği

Streetfood

çaydanlık

Dzbanek na herbatę

şekerlik

Cukierniczka

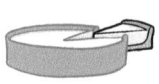

porsiyon

Porcja

espresso makinesi

Zaparzarka do espresso

mama sandalyesi

Krzesło dla dziecka

fatura

Rachunek

tepsi

Taca

bıçak

Noż

çatal

Widelec

kaşık

Łyżka

çay kaşığı

Łyżeczka

servis peçetesi

Serwetka

bardak

Szklanka

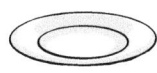

| tabak | çorba kasesi | fincan altlığı |
|-------|--------------|----------------|
| Talerz | Talerz do zupy | Podstawek pod filiżankę |

| sos | tuzluk | karabiber değirmeni |
|-----|--------|---------------------|
| Sos | Solniczka | Młynek do pieprzu |

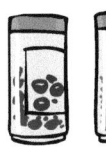

| sirke | yağ | baharat |
|-------|-----|---------|
| Ocet | Olej | Przyprawy |

| ketçap | hardal | mayonez |
|--------|--------|---------|
| Keczup | Musztarda | Majonez |

# süpermarket
## Supermarket

özel teklif
Oferta
müşteri
Klient
süt ürünleri
Produkty mleczne
alışveriş arabası
Wózek sklepowy
meyve
Owoce
FOR

BUTCHERS

kasap

Rzeźnia

BAKERY

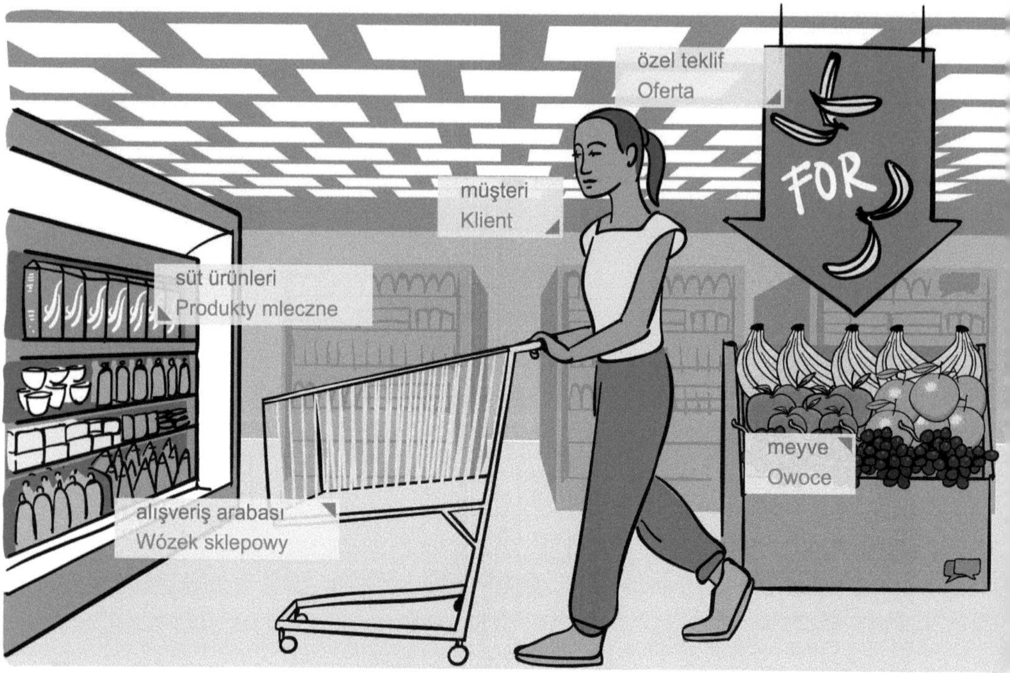

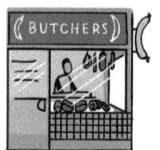

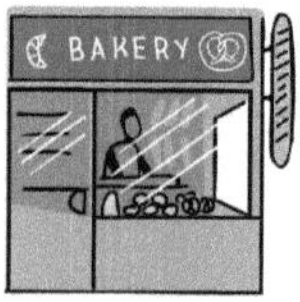

fırın

Piekarnia

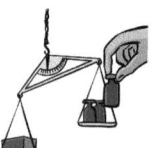

tartmak

ważyć

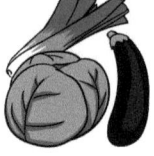

sebze

Warzywa

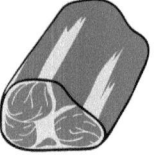

et

Mięso

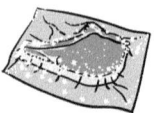

donmuş gıda

Mrożonki

söğüş et

Wędliny

konserve yiyecek

Konserwy

toz deterjan

Proszek m do prania

şekerlemeler

Słodycze

ev temizlik ürünleri

Artykuły użytku domowego

temizlik ürünleri

Środek czyszczący

satış görevlisi

Sprzedawczyni

yazar kasa

Kasa

kasiyer

Kasjer

alışveriş listesi

Lista zakupów

açılış saatleri

Godziny otwarcia

cüzdan

Portfel

kredi kartı

Karta kredytowa

çanta

Torba

plastik poşet

Torebka plastikowa

su

Woda

meyve suyu

Sok

süt

Mleko

kola

Cola

şarap

Wino

bira

Piwo

alkol

Alkohol

kakao

Kakao

çay

Herbata

kahve

Kawa

espresso

Espresso

kapuçino

Cappuccino

muz

Banan

elma

Jabłko

portakal

Pomarańcza

kavun

Arbuz

limon

Cytryna

havuç

Marchew

sarımsak

Czosnek

bambu

Bambus

soğan

Cebula

mantar

Grzyb

çerez

Orzechy

makarna

Makaron

spagetti

Spaghetti

pirinç

Ryż

salata

Sałatka

cips

Frytki

patates kızartması

Ziemniaki pieczone

pizza

Pizza

hamburger

Hamburger

sandviç

Kanapka

şinitzel

Sznycel

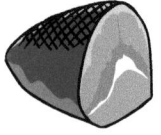

pastırma

Szynka

salam

Salami

sosis

Kiełbasa

tavuk

Kura

rosto

Pieczeń

balık

Ryba

yulaf ezmesi

Płatki owsiane

müsli

Musli

mısır gevreği

Płatki kukurydziane

un

Mąka

kruvasan

Croissant

küçük ekmek

Bułka

ekmek

Chleb

tost

Toast

bisküvi

Ciastka

tereyağı

Masło

kaymak

Twarożek

kek

Ciasto

yumurta

Jajko

sahanda yumurta

Jajko sadzone

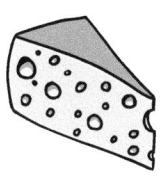

peynir

Ser

yemek - Jedzenie

dondurma

Lody

şeker

Cukier

bal

Miód

reçel

Marmolada

fındık ezmesi

Krem nugatowy

köri

Curry

yemek - Jedzenie

# çiftlik
# Gospodarstwo chłopskie

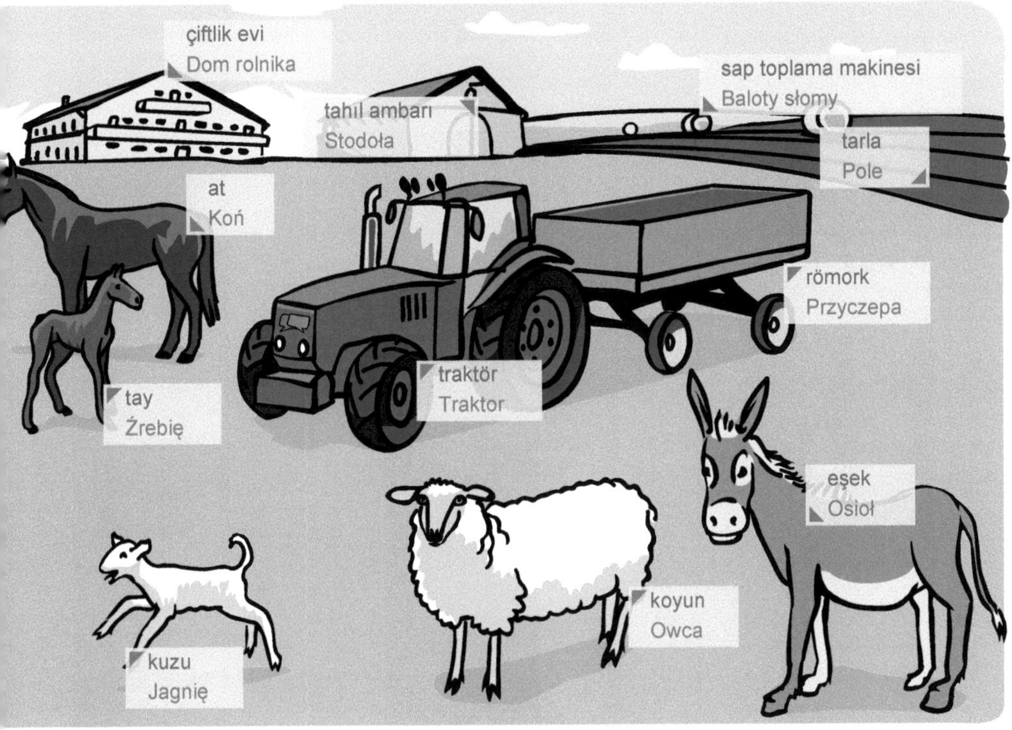

çiftlik evi
Dom rolnika
sap toplama makinesi
Baloty słomy
tahıl ambarı
Stodoła
tarla
Pole
at
Koń
römork
Przyczepa
traktör
Traktor
tay
Źrebię
eşek
Osioł
koyun
Owca
kuzu
Jagnię


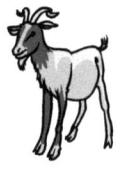

keçi

Koza

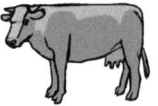

inek

Krowa

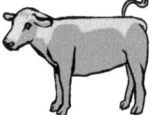

buzağı

Cielę

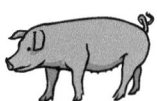

domuz

Świnia

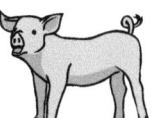

domuz yavrusu

Prosię

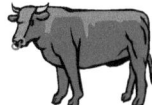

boğa

Byk

kaz

Gęś

ördek

Kaczka

civciv

Kurczątko

tavuk

Kura

horoz

Kogut

sıçan

Szczur

kedi

Kot

fare

Mysz

öküz

Osioł

köpek

Pies

köpek kulübesi

Buda dla psa

bahçe hortumu

Wąż ogrodowy

sulama kabı

Konewka

tırpan

Kosa

pulluk

Pług

orak
Sierp

çapa
Graca

dirgen
Widły

balta
Siekiera

el arabası
Taczka

yemlik
Koryto

süt kovası
Kanka na mleko

çuval
Worek

çit
Płot

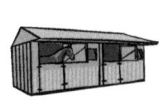

ahır
Stajnia

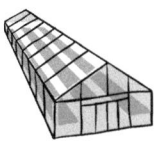

sera
Szklarnia

toprak
Ziemia

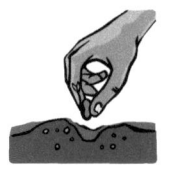

tohum
Nasiona

gübre
Nawóz

biçerdöver
Kombajn zbożowy

çiftlik - Gospodarstwo chłopskie

hasat etmek

zbierać

harman

Żniwa

tatlı patates

Podchrzyn

buğday

Pszenica

soya

Soja

patates

Ziemniak

mısır

Kukurydza

kolza

Rzepak

meyve ağacı

Drzewo owocowe

manyok

Maniok

hububat

Zboże

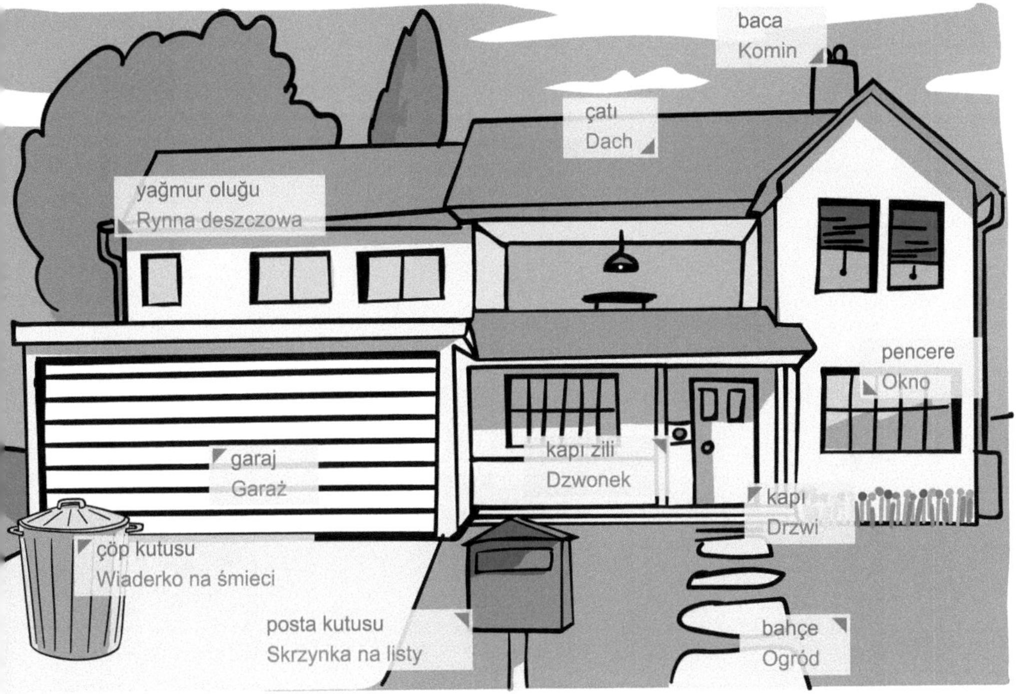

baca
Komin

çatı
Dach

yağmur oluğu
Rynna deszczowa

pencere
Okno

garaj
Garaż

kapı zili
Dzwonek

kapı
Drzwi

çöp kutusu
Wiaderko na śmieci

posta kutusu
Skrzynka na listy

bahçe
Ogród

oturma odası

Pokój dzienny

banyo

Łazienka

mutfak

Kuchnia

yatak odası

Sypialnia

çocuk odası

Pokój dziecięcy

yemek odası

Jadalnia

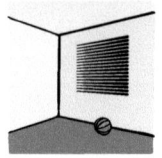

zemin
.................
Ziemia

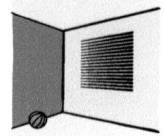

duvar
.................
Ściana

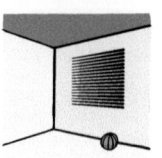

tavan
.................
Koc

kiler
.................
Piwnica

sauna
.................
Sauna

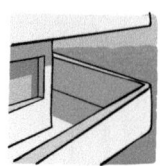

balkon
.................
Balkon

teras
.................
Taras

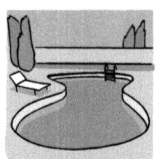

havuz
.................
Basen

çim biçme makinesi
.................
Kosiarka do trawy

çarşaf
.................
Poszwa

yatak örtüsü
.................
Kołdra

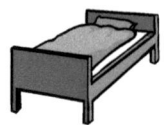

yatak
.................
Łóżko

süpürge
.................
Miotła

kova
.................
Wiadro

anahtar
.................
Włącznik

# oturma odası
# Pokój dzienny

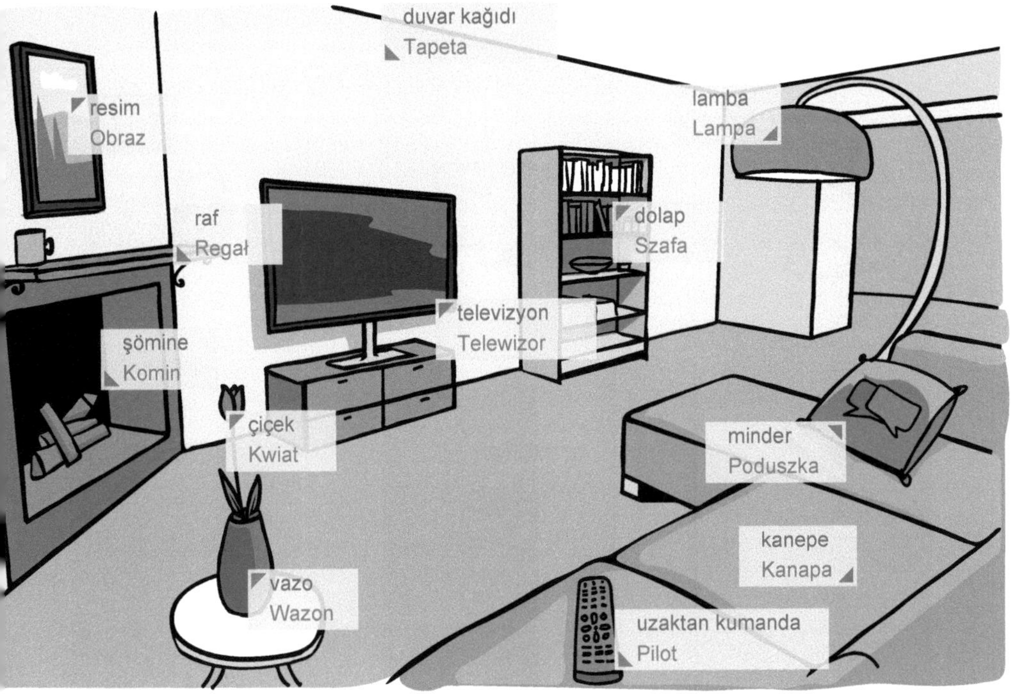

duvar kağıdı
Tapeta
resim
Obraz
lamba
Lampa
raf
Regał
dolap
Szafa
televizyon
Telewizor
şömine
Komin
çiçek
Kwiat
minder
Poduszka
kanepe
Kanapa
vazo
Wazon
uzaktan kumanda
Pilot


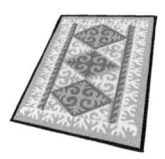

halı

Dywan

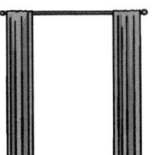

perde

Zasłona

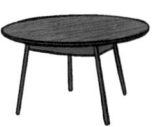

masa

Stół

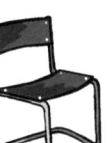

sandalye

Krzesło

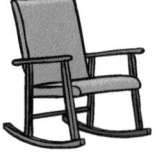

salıncaklı koltuk

Bujak

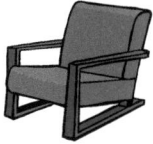

koltuk

Fotel

kitap

Książka

battaniye

Sufit

dekor

Dekoracja

odun

Drewno kominkowe

film

Film

hi-fi

Instalacja stereo

anahtar

Klucz

gazete

Gazeta

tablo

Malunek

poster

Plakat

radyo

Radio

defter

Notatnik

elektrikli süpürge

Odkurzacz

kaktüs

Kaktus

mum

Świeczka

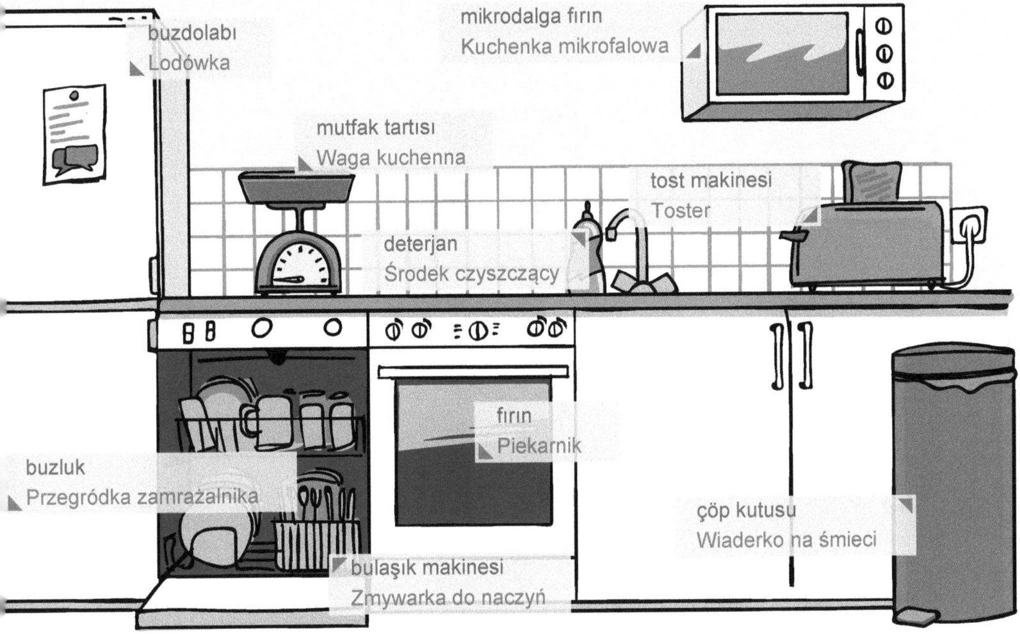

buzdolabı
Lodówka

mikrodalga fırın
Kuchenka mikrofalowa

mutfak tartısı
Waga kuchenna

tost makinesi
Toster

deterjan
Środek czyszczący

fırın
Piekarnik

buzluk
Przegródka zamrażalnika

çöp kutusu
Wiaderko na śmieci

bulaşık makinesi
Zmywarka do naczyń

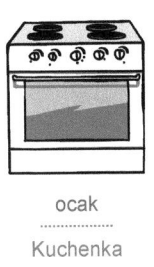

ocak

Kuchenka

tencere

Garnek

döküm tencere

Kocioł żeliwny

wok

Wok / Kadai

tava

Patelnia

su ısıtıcı

Czajnik

buharlı pişirici

Parowar

pişirme tepsisi

Blacha do pieczenia

tabak takımı

Naczynia kuchenne

kupa

Kubek

kase

Miska

çubuk (çin yemeği)

Pałeczki

kepçe

Nabierka

spatula

Łopatka do smażenia

çırpma teli

Trzepaczka do śmietany

süzgeç

Cedzak

elek

Sitko

rende

Tarka

havan

Moździerz

barbekü

Grillowanie

açık ateş

Palenisko

kesme tahtası
Deska

merdane
Wałek do ciasta

tirbüşon
Korkociąg

konserve kutusu
Puszka

konserve açacağı
Otwieracz do puszek

fırın eldiveni
Ściereczka do trzymania garnka

evye
Umywalka

fırça
Szczotka

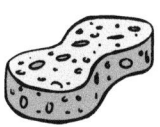

sünger
Gąbka

blender
Mikser

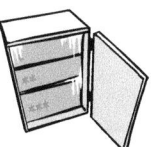

derin dondurucu
Zamrażarka

biberon
Butelka dla niemowlęcia

musluk
Kran

# banyo
# Łazienka

ısıtma
Ogrzewanie
duş
Prysznic
havlu
Ręcznik
duş perdesi
Kotara prysznicowa
köpük banyosu
Płyn do kąpieli
küvet
Wanna kąpielowa
bardak
Szklanka
çamaşır makinesi
Pralka
musluk
Kran
fayans
Kafelki
lazımlık
Nocnik
evye
Umywalka

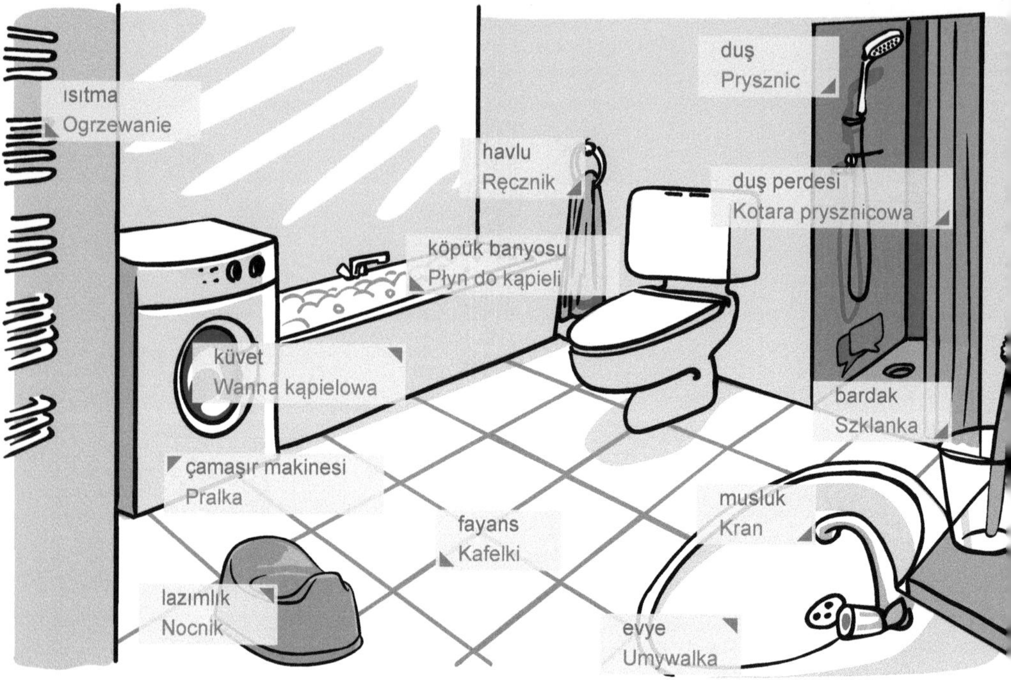

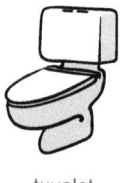

tuvalet

Toaleta

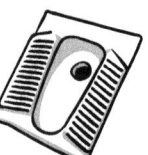

alaturka tuvalet

Toaleta kuczna

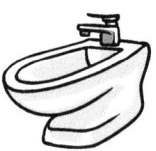

bide

Bidet

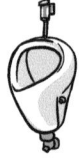

pisuvar

Pisuar

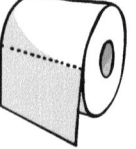

tuvalet kağıdı

Papier toaletowy

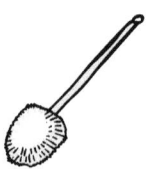

tuvalet fırçası

Szczotka toaletowa

**diş fırçası**

Szczoteczka do zębów

**diş macunu**

Pasta do zębów

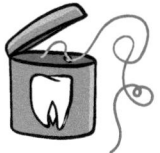

**diş ipi**

Nitki do czyszczenia zębów

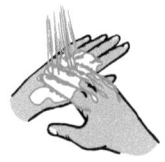

**yıkamak**

myć

**duş başlığı**

Głowica prysznicowa

**duş başlığı şeklinde taharet musluğu**

Płyn kąpielowy do higieny intymnej

**küvet**

Miska do mycia

**banyo fırçası**

Szczotka kąpielowa

**sabun**

Mydło

**duş jeli**

Żel prysznicowy

**şampuan**

Szampon

**banyo lifi**

Rękawica kąpielowa

**gider**

Odpływ

**krem**

Krem

**deodorant**

Dezodorant

ayna

Lustro

el aynası

Lustro kosmetyczne

jilet

Golarka

tıraş köpüğü

Pianka do golenia

tıraş losyonu

Woda po goleniu

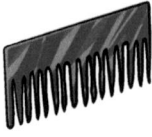

tarak

Grzebień

fırça

Szczotka

saç kurutma makinesi

Suszarka do włosów

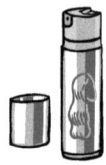

saç spreyi

Spray do włosów

makyaj

Makijaż

ruj

Pomadka

tırnak cilası

Lakier do paznokci

pamuk

Wata

tırnak makası

Nożyczki do paznokci

parfüm

Perfum

makyaj çantası

Kosmetyczka

tabure

Taboret

tartı

Waga

bornoz

Szlafrok kąpielowy

lastik eldiven

Rękawice gumowe

tampon

Tampon

kadın pedi

Podpaska damska

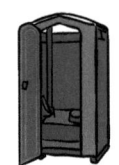

kimyevi tuvalet

Toaleta chemiczna

banyo - Łazienka

# çocuk odası
# Pokój dziecięcy

çalar saat
Budzik
peluş oyuncak
Pluszowa przytulanka
oyuncak araba
Samochodzik
çıngırak
Grzechotka
bebek evi
Domek dla lalek
hediye
Prezent

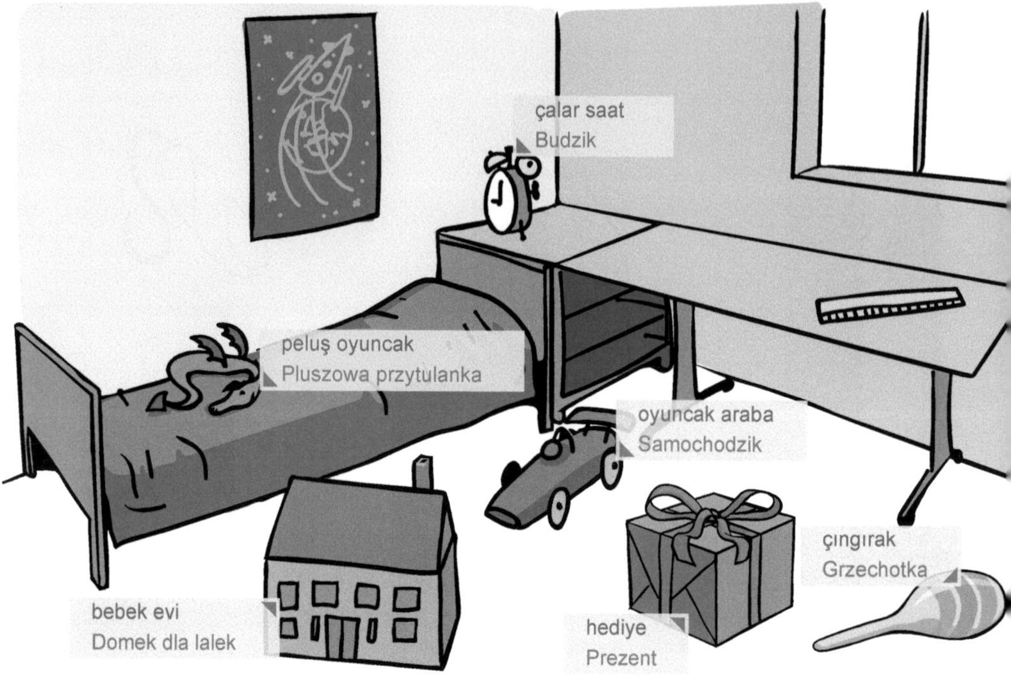

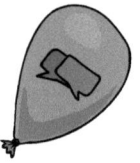

balon

Balon

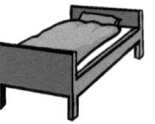

yatak

Łóżko

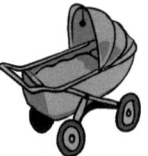

bebek arabası

Wózek dziecięcy

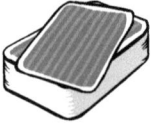

kart destesi

Gra w karty

yapboz

Puzzle

SUPER MEGA

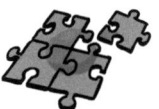

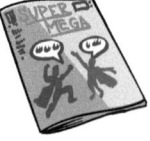

çizgi roman

Komiks

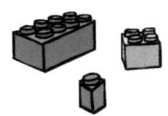

lego tuğlaları

Klocki lego

lego blokları

Klocki

aksiyon figürü

Action figura

zıbın

Śpioszek dziecięcy

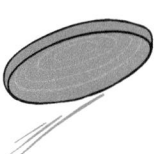

frizbi

Frisbee

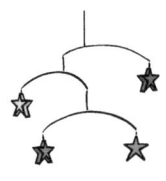

dönence

Zabawki ruchome

masa oyunu

Gra planszowa

zar

Kości

model tren seti

Kolejka elektryczna

emzik

Smoczek

parti

Przyjęcie

resimli kitap

Książka z ilustracjami

top

Piłka

oyuncak bebek

Lalka

oynamak

bawić się

kum havuzu

Piaskownica

salıncak

Huśtawka

oyuncaklar

Zabawki

video oyun konsolu

Konsola do gier

üç tekerlekli bisiklet

Rowerek trójkołowy

oyuncak ayı

Pluszowy miś

gardırop

Szafa ubraniowa

## kıyafet

## Ubiór

çorap

Skarpety

külotlu çorap

Pończochy

tayt

Rajstopy

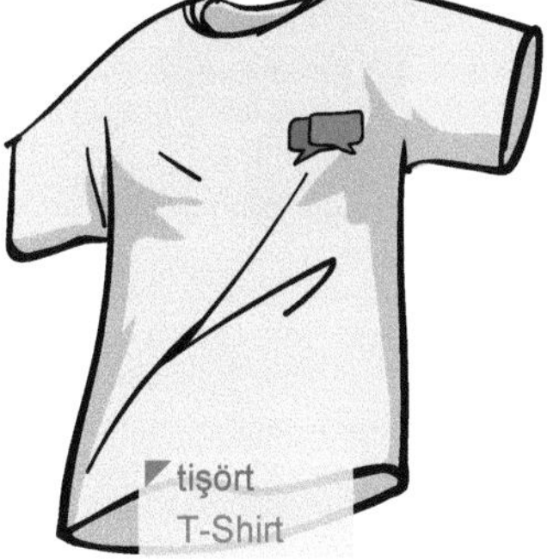

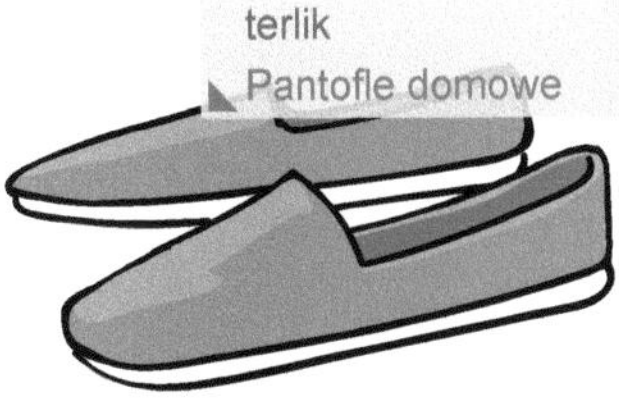

eşarp
Szal

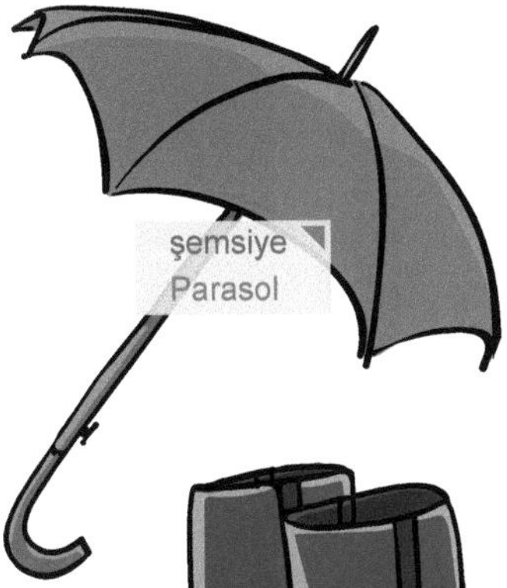

kemer
Pasek

şemsiye
Parasol

tişört
T-Shirt

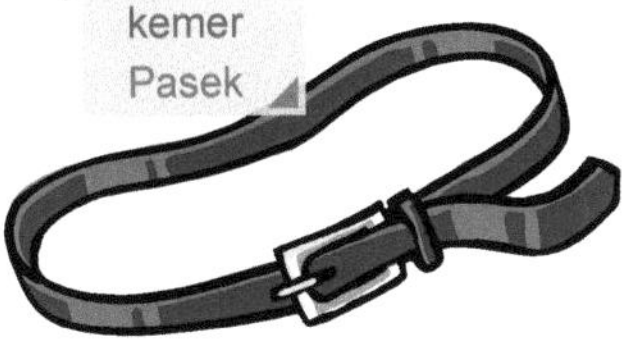

terlik
Pantofle domowe

bot
Kozaki

spor ayakkabı
Obuwie sportowe

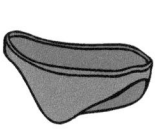

sandalet
Sandały

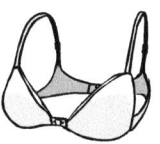

ayakkabı
Buty

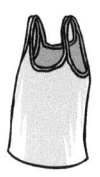

lastik çizme
Kalosze

külot
Majtki

sütyen
Biustonosz

yelek
Podkoszulek

dar bluz

Body

pantolon

Spodnie

kot pantolon

Dżins

etek

Spódnica

bluz

Bluzka

gömlek

Koszula

kazak

Pulower

süveter

Bluza sportowa

blazer

Marynarka

ceket

Kurtka

mont

Płaszcz

yağmurluk

Płaszcz przeciwdeszczowy

kostüm

Kostium

elbise

Sukienka

gelinlik

Suknia ślubna

takım elbise

Garnitur męski

gecelik

Koszula nocna

pijama

Piżama

sari

Sari

baş örtüsü

Chusta na głowę

türban

Turban

burka

Burka

kaftan

Kaftan

çarşaf

Abaya

mayo

Strój kąpielowy

erkek mayosu

Kąpielówki

şort

Krótkie spodnie

eşofman

Dres sportowy

önlük

Fartuch

eldiven

Rękawiczki

düğme

Guzik

gözlük

Okulary

bilezik

Bransoletka

kolye

Łańcuszek

yüzük

Pierścionek

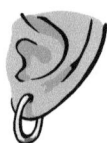

küpe

Kolczyk

kep

Czapka

portmanto

Wieszak

şapka

Kapelusz

kravat

Krawat

fermuar

Zamek błyskawiczny

kask

Kask

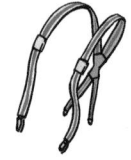

pantolon askısı

Szelki

okul forması

Mundurek szkolny

üniforma

Mundur

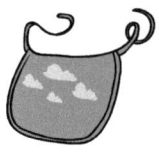

mama önlüğü

Śliniaczek

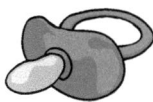

emzik

Smoczek

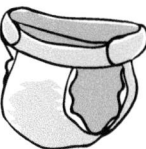

bebek bezi

Pieluszka

# ofis

# Biuro

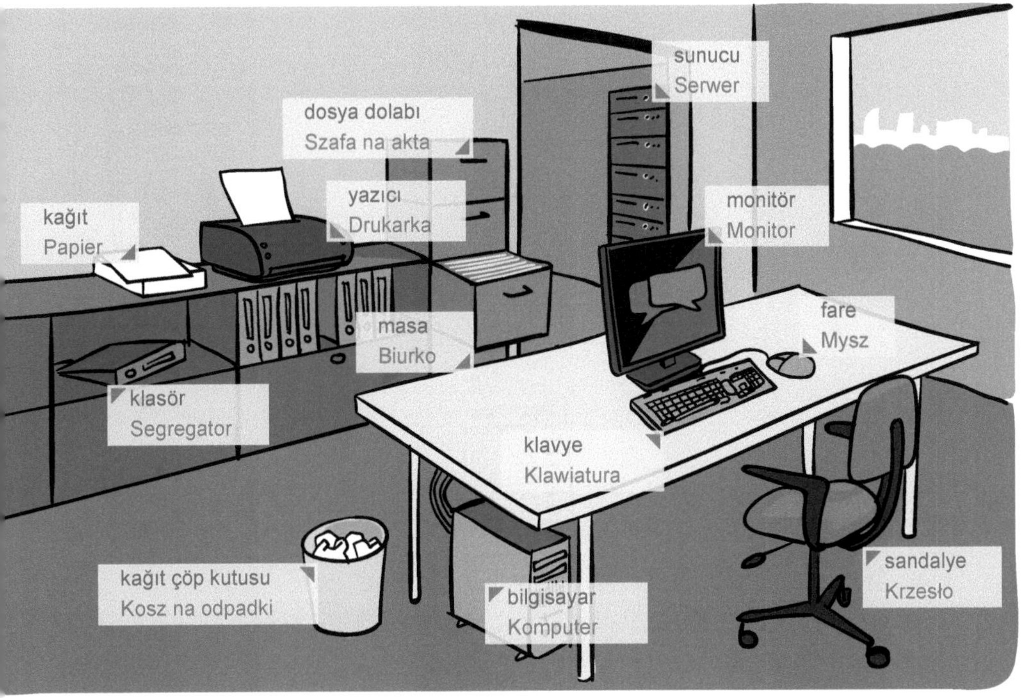

sunucu
Serwer
dosya dolabı
Szafa na akta
yazıcı
Drukarka
kağıt
Papier
monitör
Monitor
fare
Mysz
masa
Biurko
klasör
Segregator
klavye
Klawiatura
sandalye
Krzesło
kağıt çöp kutusu
Kosz na odpadki
bilgisayar
Komputer


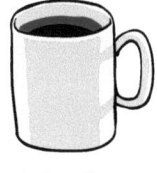

kahve fincanı

Filiżanka do kawy

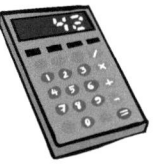

hesap makinesi

Kalkulator

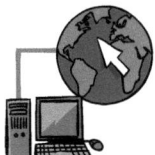

internet

Internet

dizüstü

Laptop

mektup

List

mesaj

Wiadomość

cep telefonu

Komórka

ağ

Sieć

fotokopi makinesi

Kopiarka

yazılım

Oprogramowanie

telefon

Telefon

priz

Gniazdko

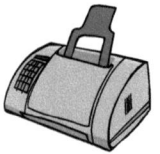

faks makinesi

Faks

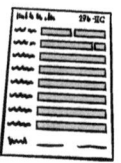

form

Formularz

belge

Dokument

satın almak

kupić

ödemek

płacić

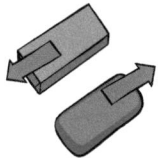

ticaret yapmak

postępować

para

Pieniądze

dolar

Dolar

avro

Euro

yen

Jen

ruble

Rubel

İsviçre frangı

Frank

Çin yuanı

Juan Renminbi

rupi

Rupia

kasa

Bankomat

döviz bürosu

Kantor wymiany walut

altın

Złoto

gümüş

Srebro

petrol

Olej

enerji

Energia

fiyat

Cena

kontrat

Umowa

vergi

Podatek

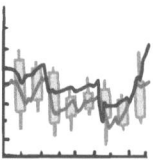

menkul değer

Akcja

çalışmak

pracować

işveren

Pracownik umysłowy

işçi

Pracodawca

fabrika

Fabryka

mağaza

Sklep

# meslekler
# Zawody

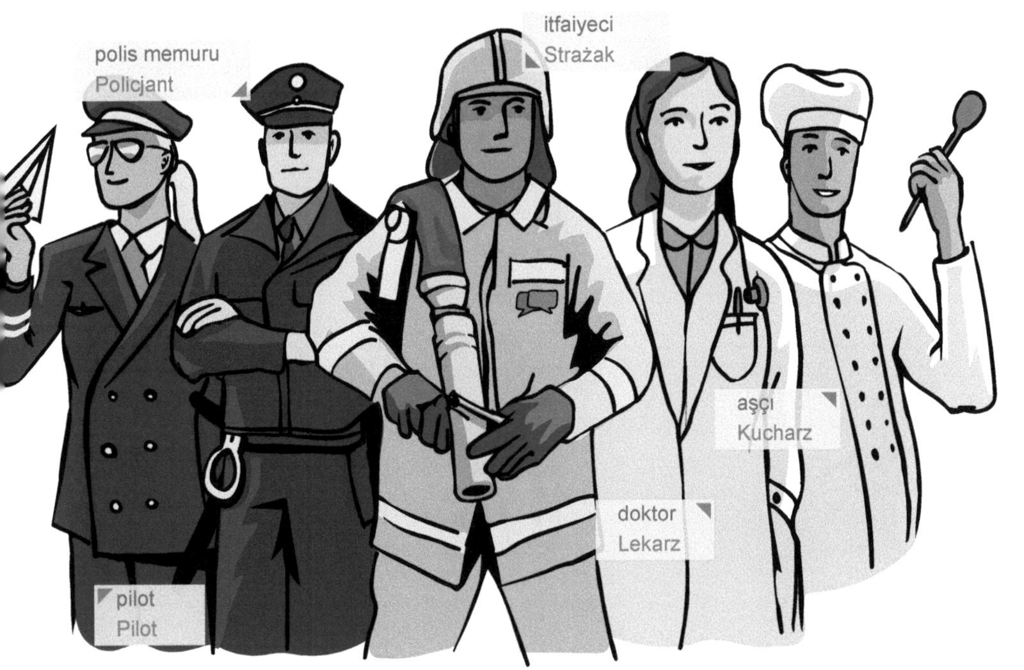

polis memuru
Policjant
itfaiyeci
Strażak
aşçı
Kucharz
doktor
Lekarz
pilot
Pilot


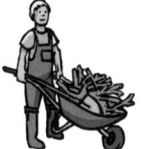

bahçıvan

Ogrodnik

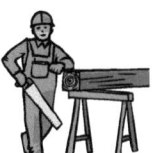

marangoz

Stolarz

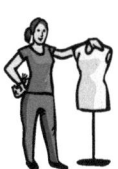

terzi

Krawcowa

hakim

Sędzia

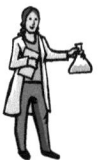

kimyager

Chemik

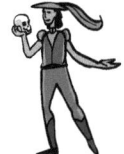

aktör

Aktor

otobüs şoförü

Kierowca autobusu

taksi şoförü

Taksówkarz

balıkçı

Fischer

temizlikçi

Sprzątaczka

çatı ustası

Dekarz

garson

Kelner

avcı

Myśliwy

boyacı

Malarz

fırıncı

Piekarz

elektrikçi

Elektryk

inşaatçı

Robotnik budowlany

mühendis

Inżynier

kasap

Rzeźnik

muslukçu

Instalator

postacı

Listonosz

meslekler - Zawody

asker

Żołnierz

mimar

Architekt

kasiyer

Kasjer

çiçekçi

Florysta

kuaför

Fryzjer

kondüktör

Konduktor

tamirci

Mechanik

kaptan

Kapitan

dişçi

Dentysta

bilim insanı

Naukowiec

haham

Rabin

imam

Imam

keşiş

Mnich

rahip

Proboszcz

# aletler
# Narzędzia

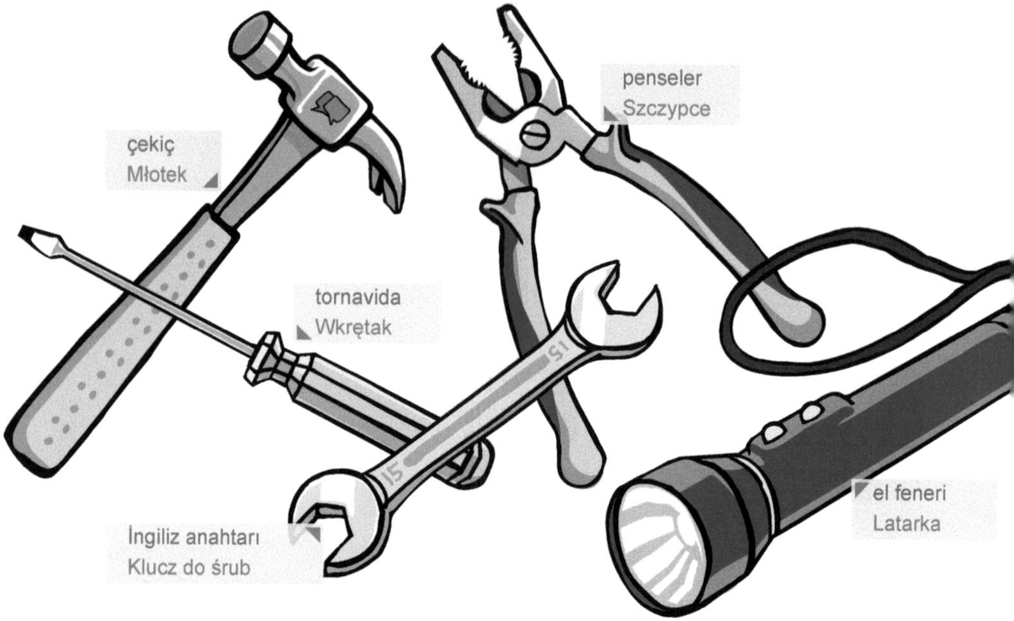
çekiç
Młotek
penseler
Szczypce
tornavida
Wkrętak
İngiliz anahtarı
Klucz do śrub
el feneri
Latarka

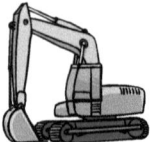

kazı makinesi

Koparka

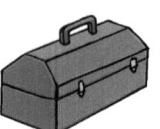

alet çantası

Skrzynka narzędziowa

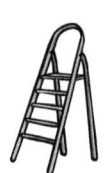

merdiven

Drabina

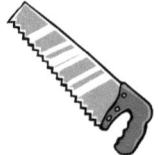

testere

Piła

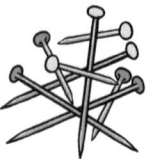

çiviler

Gwoździe

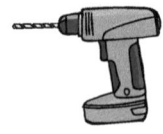

matkap

Wiertło

tamir etmek
..............
naprawić

kürek
..............
Łopatka

Kahretsin!
..............
Cholera!

faraş
..............
Szufelka

boya tenekesi
..............
Puszka z farbą

vidalar
..............
Śruby

## müzik enstrümanı
## Instrumenty muzyczne

hoparlör
Głośnik

bateri seti
Perkusja

gitar
Gitara

kontrbas
Kontrabas

trompet
Trąbka

piyano

Pianino

keman

Skrzypce

basgitar

Bas

timpani

Kotły

bateri

Bęben

klavye

Keyboard

saksafon

Saksofon

flüt

Flet

mikrofon

Mikrofon

# hayvanat bahçesi

## Zoo

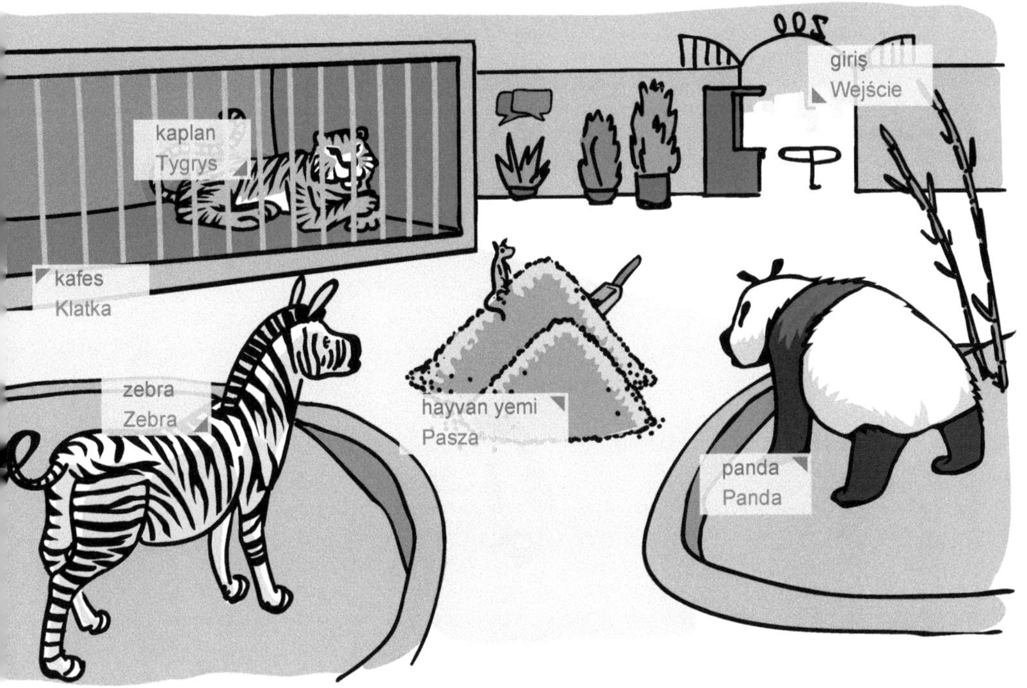
giriş
Wejście
kaplan
Tygrys
kafes
Klatka
zebra
Zebra
hayvan yemi
Pasza
panda
Panda

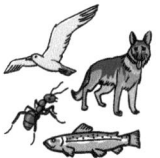

hayvanlar

Zwierzęta

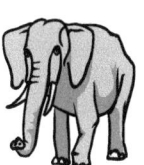

fil

Słoń

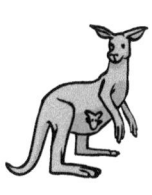

kanguru

Kangur

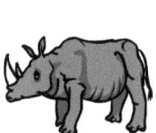

gergedan

Nosorożec

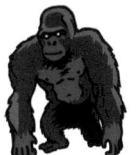

goril

Goryl

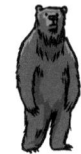

ayı

Niedźwiedź

deve

Wielbłąd

deve kuşu

Struś

aslan

Lew

maymun

Małpa

flamingo

Fleming

papağan

Papuga

kutup ayısı

Niedźwiedź polarny

penguen

Pingwin

köpek balığı

Rekin

tavus kuşu

Paw

yılan

Wąż

timsah

Krokodyl

hayvanat bahçesi görevlisi

Dozorca w zoo

fok

Foka

jaguar

Jaguar

midilli atı

Kucyk

leopar

Gepard

su aygırı

Hipopotam

zürafa

Żyrafa

kartal

Orzeł

yaban domuzu

Dzik

balık

Ryba

kaplumbağa

Żółw

mors

Mors

tilki

Lis

ceylan

Gazela

amerikan futbolu
Futbol amerykański

bisiklete binme
Kolarstwo

tenis
Tenis

basketbol
Koszykówka

yüzme
Pływanie

boks
Boks

buz hokeyi
Hokej na lodzie

futbol
Piłka nożna

badminton
Badminton

atletizm
Lekka atletyka

hentbol
Piłka ręczna

kayak
Narciarstwo

polo
Polo

gülmek
śmiać się

atlamak
skakać

sarılmak
objąć

yürümek
iść

söylemek
śpiewać

hayal etmek
marzyć

dua etmek
modlić się

öpmek
całować

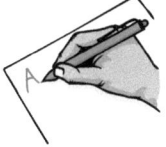

yazmak
pisać

çizmek
rysować

göstermek
pokazywać

itmek
nacisnąć

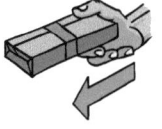

vermek
dać

almak
wziąć

sahip olmak
mieć

yapmak
robić

olmak
być

ayakta durmak
stać

koşmak
biegać

çekmek
ciągnąć

atmak
rzucać

düşmek
spaść

yalan söylemek
leżeć

beklemek
czekać

taşımak
nosić

oturmak
siedzieć

giyinmek
zakładać

uyumak
spać

uyanmak
budzić się

bakmak
spojrzeć

ağlamak
płakać

vurmak
głaskać

taramak
czesać się

konuşmak
mówić

anlamak
rozumieć

sormak
pytać

dinlemek
słyszeć

içmek
pić

yemek
jeść

düzenlemek
sprzątać

sevmek
kochać

pişirmek
gotować

sürmek
jechać

uçmak
latać

denize açılmak
żeglować

hesapla
liczyć

okumak
czytać

öğrenmek
uczyć się

çalışmak
pracować

evlenmek
wejść w związek małżeński

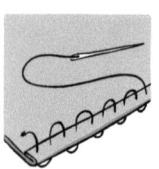

dikmek
szyć

diş fırçalamak
myć zęby

öldürmek
zabić

sigara içmek
palić tytoń

yollamak
wysłać

büyükanne
Babcia

büyükbaba
Dziadek

baba
Ojciec

anne
Matka

bebek
Niemowlę

kız
Córka

oğul
Syn

misafir

Gość

teyze

Ciotka

amca

Wujek

erkek kardeş

Brat

kız kardeş

Siostra

# vücut
## Ciało

alın
Czoło
göz
Oko
omuz
Ramię
parmak
Palec
yüz
Twarz
çene
Broda
el
Ręka
bacak
Noga
göğüs
Pierś
kol
Ramię

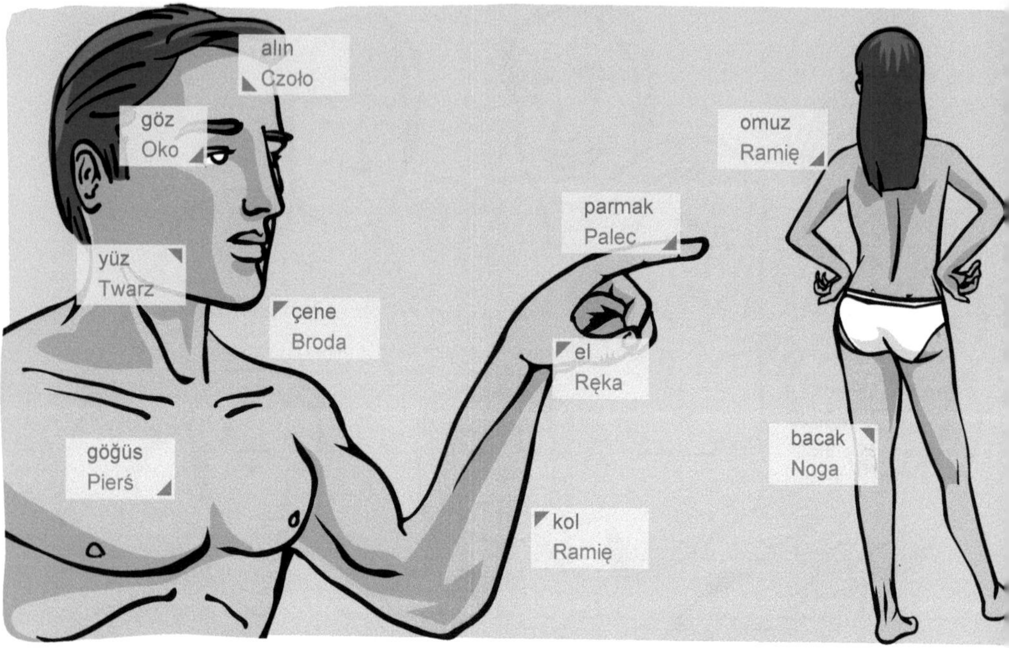

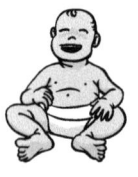

bebek

Niemowlę

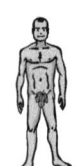

adam

Mężczyzna

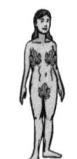

kadın

Kobieta

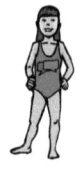

kız

Dziewczyna

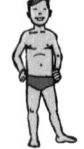

erkek çocuk

Chłopiec

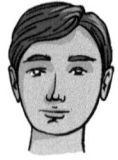

baş

Głowa

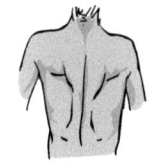

sırt

Plecy

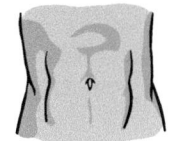

karın

Brzuch

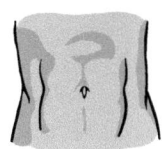

göbek

Pępek

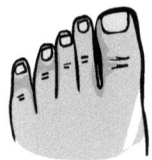

ayak parmağı

palec nogi

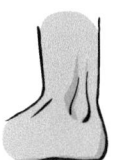

topuk

Pięta

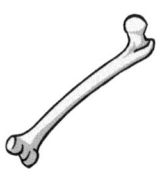

kemik

Kość

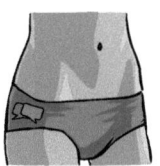

kalça

Biodro

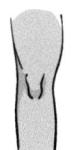

diz

Kolano

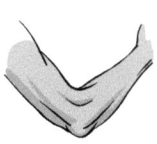

dirsek

Łokieć

burun

Nos

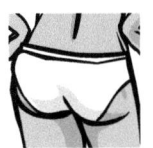

kalça

Pośladki

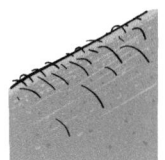

deri

Skóra

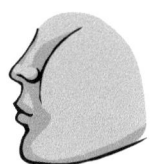

yanak

Policzek

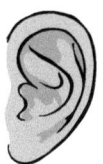

kulak

Uszy

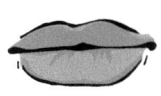

dudak

Warga

ağız
Usta

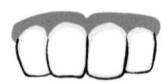

diş
Ząb

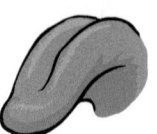

dil
Język

beyin
Mózg

kalp
Serce

kas
Mięsień

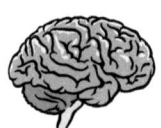

akciğer
Płuca

karaciğer
Wątroba

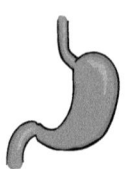

mide
Żołądek

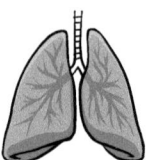

böbrekler
Nerki

seks
Stosunek płciowy

prezervatif
Kondom

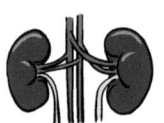

yumurtalık
Komórka jajowa

sperm
Sperma

hamilelik
Ciąża

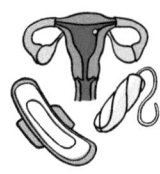

regl

Menstruacja

vajina

Wagina

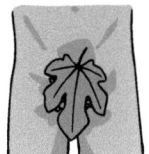

penis

Penis

kaş

Brew

saç

Włosy

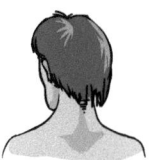

boyun

Szyja

# hastane
# Szpital

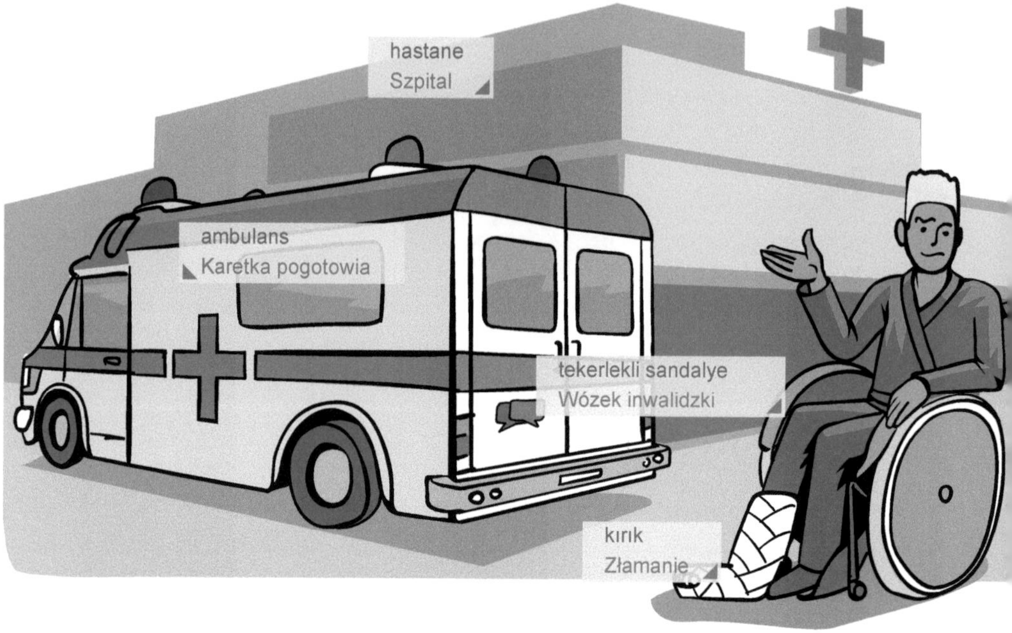

hastane
Szpital
ambulans
Karetka pogotowia
tekerlekli sandalye
Wózek inwalidzki
kırık
Złamanie

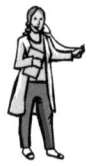

doktor
Lekarz

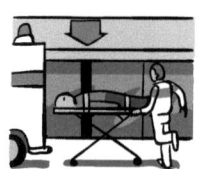

acil servis
Izba przyjęć

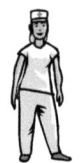

hemşire
Pielęgniarka

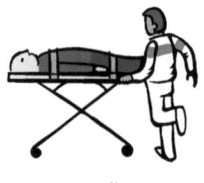

acil
Nagły przypadek

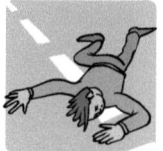

baygın
nieprzytomny

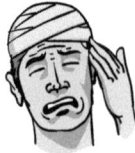

acı
Ból

**yaralanma**

Skaleczenie

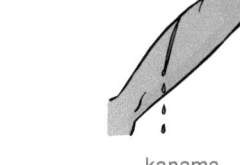

**kanama**

Krwawienie

**kalp krizi**

Zawał serca

**felç**

Udar mózgu

**alerji**

Alergia

**öksürük**

Kaszleć

**ateş**

Gorączka

**grip**

Grypa

**ishal**

Biegunka

**baş ağrısı**

Ból głowy

**kanser**

Rak

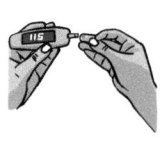

**şeker hastalığı**

Cukrzyca

**cerrah**

Chirurg

**neşter**

Skalpel

**operasyon**

Operacja

bilgisayarlı tomografi

CT

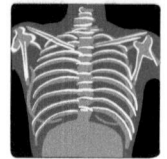

röntgen

Rentgen

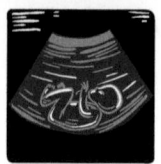

ultrason

Ultradźwięki

yüz maskesi

Maska

hastalık

Choroba

bekleme odası

Poczekalnia

koltuk değneği

Kula

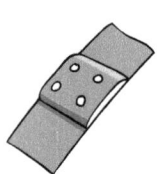

yara bandı

Plaster

bandaj

Opatrunek

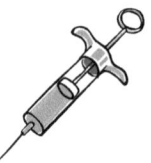

enjeksiyon

Iniekcja

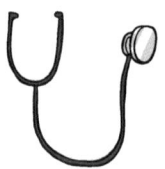

steteskop

Stetoskop

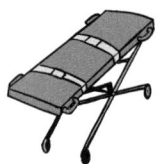

sedye

Nosze

tıbbi termometre

Termometr

doğum

Poród

fazla kilo

Nadwaga

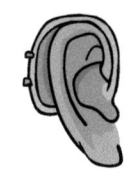

işitme cihazı

Aparat słuchowy

dezenfektan

Środek dezynfekcyjny

enfeksiyon

Infekcja

virüs

Wirus

HIV / AIDS

HIV / AIDS

ilaç

Medycyna

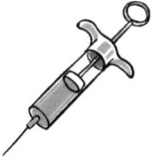

aşı

Szczepienie

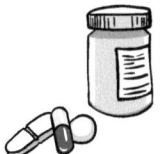

tablet

Tabletki

hap

Pigułka

acil çağrı

Telefon ratunkowy

tansiyon aleti

Ciśnieniomierz krwi

hasta / sağlıklı

chory / zdrowy

İmdat!

Pomocy!

alarm

Alarm

darp

Napad

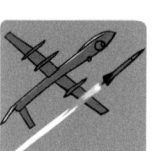

saldırı

Atak

tehlike

Niebezpieczeństwo

acil çıkış

Wyjście awaryjne

Yangın!

Pożar!

yangın tüpü

Gaśnica

kaza

Wypadek

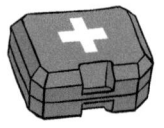

ilk yardım çantası

Walizeczka pierwszej
pomocy

imdat

SOS

polis

Policja

Avrupa

Europa

Kuzey Amerika

Ameryka Północna

Güney amerika

Ameryka Południowa

Afrika

Afryka

Asya

Azja

Avustralya

Australia

Atlantik

Atlantyk

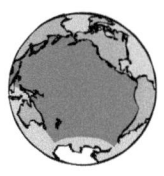

Pasifik

Pacyfik

Hint Okyanusu

Ocean Indyjski

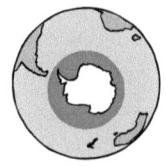

Antarktika Okyanusu

Ocean Antarktyczny

Arktik Okyanusu

Ocean Arktyczny

Kuzey Kutbu

Biegun północny

Güney Kutbu
Biegun południowy

Antarktika
Antarktyda

dünya
Ziemia

kara
Kraj

deniz
Morze

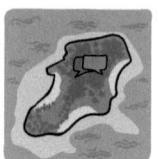

ada
Wyspa

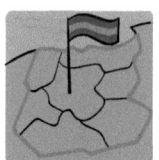

ulus
Naród

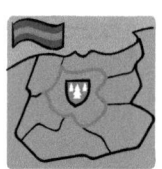

ülke
Państwo

kadran

Cyferblat

akrep

Wskazówka godzinowa

yelkovan

Wskazówka minutowa

saniye ibresi

Wskazówka sekundowa

Saat kaç?

Która godzina?

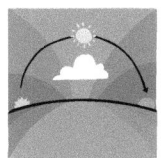

gün

Dzień

zaman

Czas

şimdi

teraz

dijital saat

Zegarek digitalny

dakika

Minuta

saat

Godzina

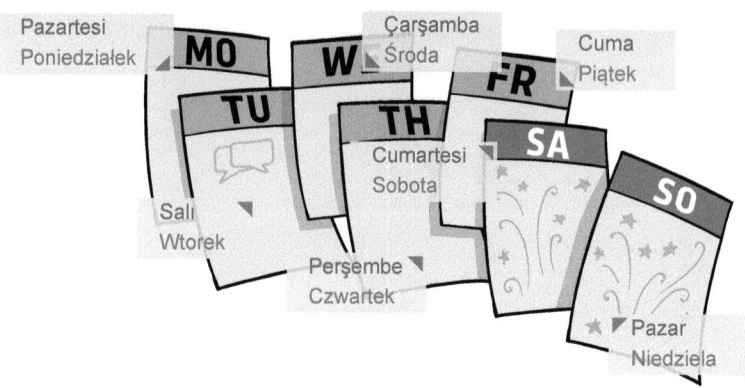

Pazartesi
Poniedziałek

**MO**

**W** Środa
Çarşamba

**TU**

**TH**

**FR** Cuma
Piątek

Salı
Wtorek

Cumartesi
Sobota

**SA**

**SO**

Perşembe
Czwartek

Pazar
Niedziela

dün
...............
wczoraj

bugün
...............
dzisiaj

yarın
...............
jutro

sabah
...............
Rano

öğle
...............
Południe

akşam
...............
Wieczór

| MO | TU | WE | TH | FR | SA | SU |
|----|----|----|----|----|----|----|
| 1 | 2 | 3 | 4 | 5 | 6 | 7 |
| 8 | 9 | 10 | 11 | 12 | 13 | 14 |
| 15 | 16 | 17 | 18 | 19 | 20 | 21 |
| 22 | 23 | 24 | 25 | 26 | 27 | 28 |
| 29 | 30 | 31 | 1 | 2 | 3 | 4 |

iş günleri
...............
Dni robocze

| MO | TU | WE | TH | FR | SA | SU |
|----|----|----|----|----|----|----|
| 1 | 2 | 3 | 4 | 5 | 6 | 7 |
| 8 | 9 | 10 | 11 | 12 | 13 | 14 |
| 15 | 16 | 17 | 18 | 19 | 20 | 21 |
| 22 | 23 | 24 | 25 | 26 | 27 | 28 |
| 29 | 30 | 31 | 1 | 2 | 3 | 4 |

hafta sonu
...............
Weekend

# yıl
## Rok

gökkuşağı
Tęcza
yağmur
Deszcz
kara
Śnieg
rüzgar
Wiatr
bahar
Wiosna
sonbahar
Jesień
yaz
Lato
kış
Zima


4.APRIL 11°
5.APRIL 4°
6.APRIL 13°
7.APRIL 8°
8.APRIL 10°


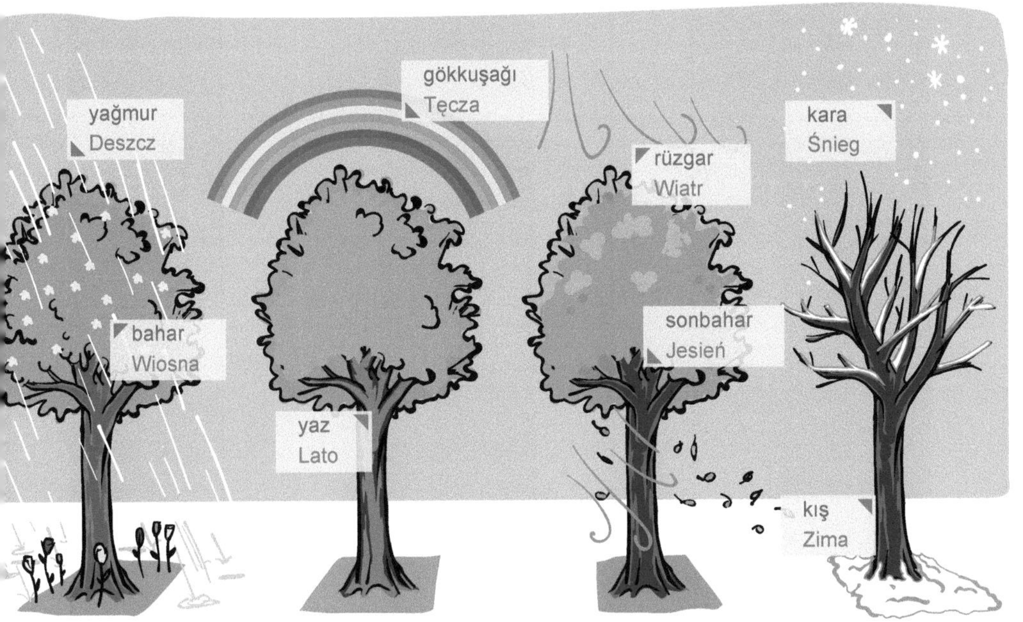

hava durumu tahmini

Prognoza pogody

F C
120 40
90 30
60 20
30 10
0 0
-30 -10
-20


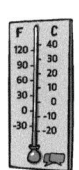

termometre

Termometr

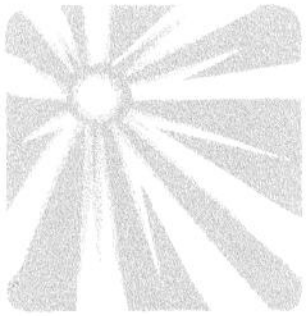

güneş ışığı

Światło słoneczne

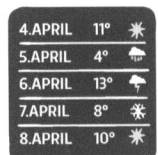

bulut

Chmura

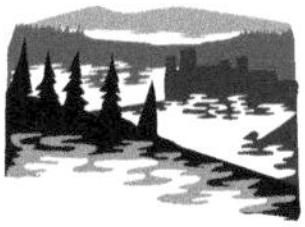

sis

Mgła

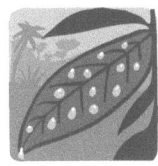

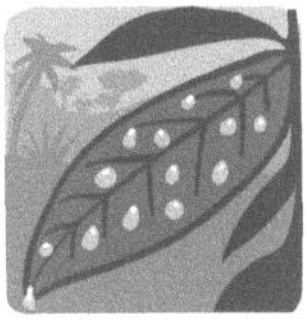

nem

Wilgotność powietrza

şimşek

Błyskawica

gök gürültüsü

Grzmot

fırtına

Sztorm

dolu

Grad

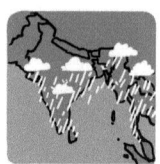

muson

Monsun

sel

Potop

buz

Lód

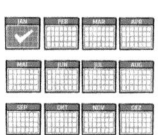

Ocak

Styczeń

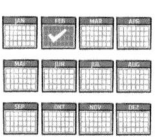

Şubat

Luty

Mart

Marzec

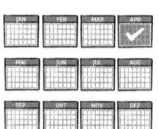

Nisan

Kwiecień

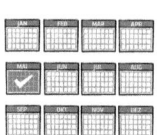

Mayıs

Maj

Haziran

Czerwiec

Temmuz

Lipiec

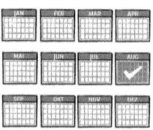

Ağustos

Sierpień

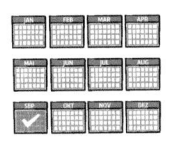

Eylül
................
Wrzesień

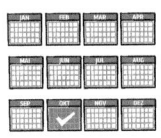

Ekim
................
Październik

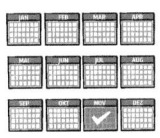

Kasım
................
Listopad

Aralık
................
Grudzień

daire
................
Koło

kare
................
Kwadrat

dikdörtgen
................
Prostokąt

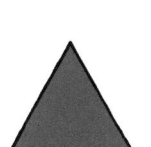

üçgen
................
Trójkąt

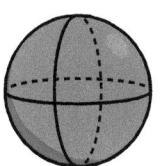

küre
................
Kula

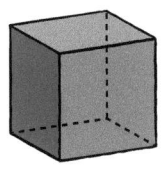

küp
................
Sześcian

beyaz

biały

sarı

żółty

turuncu

pomarańczowy

pembe

różowy

kırmızı

czerwony

mor

liliowy

mavi

niebieski

yeşil

zielony

kahverengi

brązowy

gri

szary

siyah

czarny

çok / az

dużo / mało

kızgın / sakin

wściekły / spokojny

güzel / çirkin

piękny / brzydki

başlangıç / son

początek / koniec

büyük / küçük

duży / mały

parlak / karanlık

jasny / ciemny

erkek kardeş / kız kardeş

brat / siostra

temiz / kirli

czysty / brudny

tamam / eksik

kompletny / niekompletny

gün / gece

dzień / noc

ölü / canlı

umarły / żywy

geniş / dar

szeroki / wąski

yenilebilir / yenilemez

jadalny / niejadalny

kötü / iyi

zły / uprzejmy

heyecanlı / sıkılmış

podniecony / znudzony

şişman / zayıf

gruby / chudy

ilk / son

najpierw / na końcu

dost / düşman

przyjaciel / wróg

dolu / boş

pełen / pusty

sert / yumuşak

twardy / miękki

ağır / hafif

ciężki / lekki

açlık / susuzluk

głód / pragnienie

hasta / sağlıklı

chory / zdrowy

yasa dışı / yasal

nielegalny / legalny

zeki / aptal

inteligentny / głupi

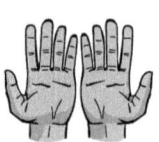

sol / sağ

lewo / prawo

yakın / uzak

bliski / daleki

zıt anlamlılar - Przeciwieństwa

yeni / kullanılmış

nowy / używany

hiçbir şey / bir şey

nic / coś

yaşlı / genç

stary / młody

açma / kapama

włącz / wyłącz

açık / kapalı

otwarty / zamknięty

sessiz / gürültülü

cichy / głośny

zengin / fakir

bogaty / biedny

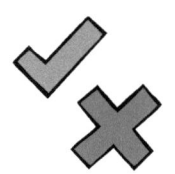

doğru / yanlış

prawidłowy / błędny

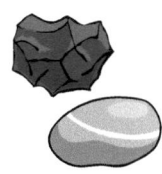

pürüzlü / düz

chropowaty / gładki

üzgün / mutlu

smutny / szczęśliwy

kısa / uzun

krótki / długi

yavaş / hızlı

powolny / szybki

ıslak / kuru

mokry/suchy

sıcak / serin

ciepły / chłodny

savaş / barış

wojna / pokój

**0**

sıfır

zero

**1**

bir

jeden

**2**

iki

dwa

**3**

üç

trzy

**4**

dört

cztery

**5**

beş

pięć

**6**

altı

sześć

**7**

yedi

siedem

**8**

sekiz

osiem

**9**

dokuz

dziewięć

**10**

on

dziesięć

**11**

on bir

jedenaście

## 12

on iki

dwanaście

## 13

on üç

trzynaście

## 14

on dört

czternaście

## 15

on beş

piętnaście

## 16

on altı

szesnaście

## 17

on yedi

siedemnaście

## 18

on sekiz

osiemnaście

## 19

on dokuz

dziewiętnaście

## 20

yirmi

dwadzieścia

## 100

yüz

sto

## 1.000

bin

tysiąc

## 1.000.000

milyon

milion

İngilizce

Angielski

Amerikan İngilizcesi

Angielski amerykański

Çince (Mandarin)

Chiński mandaryński

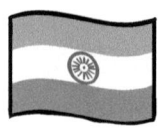

Hintçe

Hindi

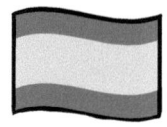

İspanyolca

Hiszpański

Fransızca

Francuski

Arapça

Arabski

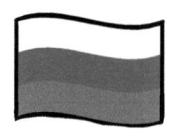

Rusça

Rosyjski

Portekizce

Portugalski

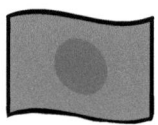

Bengalce

Bengalski

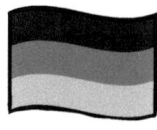

Almanca

Niemiecki

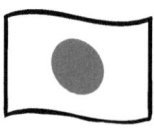

Japonca

Japoński

ben

ja

sen

ty

o

on / ona / ono

biz

my

siz

wy

onlar

oni

kim?

kto?

ne?

co?

nasıl?

jak?

nerede?

gdzie?

ne zaman?

kiedy?

isim

Nazwisko

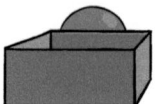

arkasında

za

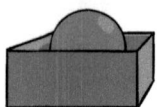

içinde

w

önünde

przed

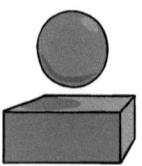

üzerinde

powyżej

üstünde

na

altında

pod

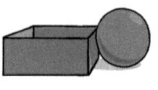

yanında

obok

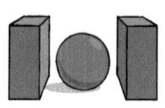

arasında

między

yer

Miejsce